KB218776

그래서,
내가 누군데? - 일

나에 관한 모든 것을 치열하게 고민하는 여정

글말랭이 지음

말랭출판사

본 책은 「대한민국 저작권법」에 의해 보호받는 저작물입니다. 작성된 모든 내용에 대한 권리는 창작자에게 있으며, 창작자의 동의 없이 본 책의 일부 또는 전체를 무단으로 복제, 배포하거나 2차적 저작물로 재편집하는 행위는 금지됩니다.

읽는 이들에게

내가 누구인지에 대한 고민의 필요성을 느끼기 시작한 건, 나와 완벽하게 맞을 거라 확신했던 일이 정작 나와 전혀 맞지 않는다는 걸 깨달았을 때부터였다. 그때부터 '일'이라는 주제를 통해 나를 다시 바라보게 되었고, 내가 일에서 얻고자 했던 가치들을 하나씩 되짚어보는 과정에서 비로소 나라는 사람이 선명해졌다. 이 책은 그런 여정을 담고 있다.

이력서 한 장을 작성하더라도 서식을 찾으면 한결 편해지고, 작성 예시를 참고하면 훨씬 수월해진다. 내가 적어낸 글자들이 당신의 여정에 작은 참고가 되기를 바라는 마음으로 편집했다.

|차 례|

3부   계획 수정

4부   연구원

5부   대전제 다시 쓰기

6부   나를 찍어내는 일

7부
치열하게 고민한 것은
반드시 그 가치를 지닌다.

1부   공무원

인정욕구

내가 공무원이 되어야겠다고 결심한 이유는 오직 하나, 인정욕구였다. '남들이 좋다고 하는 데에는 다 이유가 있겠지?' 하는 나름의 논리적인 판단도 아니었다. 단지 7급 공무원이 되면 남들이 나를 멋있다고 해줄 것 같았다. 타인의 인정과 칭찬 외에는 스스로를 멋지고 괜찮은 사람이라고 느낄수 있는 방법을 몰랐던 내게, 어찌 보면 합리적인 선택이었기도 하다.

칭찬은 고래도 춤추게 한다는 말이 있지 않나. 나 역시 타인의 칭찬과 인정을 받아 내가 멋진 사람임을 한껏 감각하는 황홀한 상상을 하며 공무원이 되어야겠다고 생각했다. 그러니까 정말 멋쟁이가 되고 싶은 마음, 그뿐이었다.

안정감

단단히 묶여있을 때

비로소 자유로울 수 있는 사람

'일단은 뿌리내리고 보자. 뿌리를 내리고 그 나무에 나를
단단히 묶고 나면 나는 비로소 자유로워질 거야.' 공무원 시
험을 준비하던 시절, 나의 일기장 맨 앞에 써 놓았던 말이다.
엄청나게 큰 나무의 뿌리를 내리고, 나는 그 나무에 나를 단
단히 묶고 싶었다. 폭풍우가 들이치는 날이면 내가 가꾼 그
아름드리나무 아래 몸을 숨기고, 볕 좋은 날이면 묶인 줄의
길이 만큼이면 충분하니 그 경계 안에서 적당히 바람 타고
날다 오는 날이 반복되는 것이 내가 추구하는 행복일 것이
라고 생각했다. 그러니 내가 빨리 나를 단단히 묶을 수 있는
날이 오기를, 공부하는 내내 염원했다.

그도 그럴 것이, 이제껏 내가 살아왔던 삶은 부모님이 구축하신 경계 안에서, 학교라는 울타리 안에서만 이뤄졌다. 가끔 답답한 마음이 들 때도 있었지만 적당히 견딜만했고 크게 불만을 느껴본 적은 없었다. 나는 그 경계 안에서 평안하고 행복했다. 대학 졸업을 앞둔 나에게는 이런 안온함을 스스로에게 제공하려면 안정적인 경계를 구축하는 것이 가장 우선이라 여겨졌고, 공무원은 내가 꿈꿀 수 있는 직업 중 가장 적합하고 반짝이는 선택지였다.

워라밸

 보편적인 한국인들이 그러하듯 대학만 가면, 취업만 하면 고생 끝 행복 시작이라는 말에 취미를 갖는 것을 미뤄왔던 나였다. 인정욕구와 안정감이 이제까지의 나를 행복하게 해주는 가치라서 추구했다면 워라밸은 유일하게 내가 살아보지 못한 환상 속의 미래였다. 대학 입시와 취업 압박이 없는 세계가 눈 앞에 펼쳐지면 나는 퇴근하고 얼마나 다채로운 세계를 누릴 수 있을까? 악기도 배우고, 여행도 다니고, 책도 읽고, 배우고 싶어 눈여겨본 운동도 한 트럭이었다.

 9시부터 6시까지 주 5일을 근무해야 한다는 것에 대해 깊게 생각해 본 적도, 의문을 가져본 적도 없었다. 막연하게 가지고 있던 생각이 있다면, 그냥 뭐 학교 다닐 때랑 비슷하지 않을까? 하는 정도였다. 어차피 지금도 수업 듣고, 공부에 쏟는 시간이 주 5일, 9시부터 6시 그 이상인데 일이라고 크게 다를 게 없다고, 아니 당연히 훨씬 좋을 것이라고 생각했다. 듣자 하니 야근과 주말 출근이 잦은 직업도 많다는데 공무원이면 차고 넘치게 감지덕지 아닌가?

 더욱이 내가 이해한 일과 삶은 이랬다. 일이란 그저 삶을 지속하기 위한 수단으로 존재하며, 일을 통해 번 돈으로 비로소 내가 먹고 싶은 것을 먹고, 가고 싶은 곳에 가고, 하고 싶은 일을 하는 나의 삶을 사는 것이다. 일하는 나와 내 삶을 사는 내가 5 대 2로 분배되어 조금 억울하기야 하겠지만서도 '다들 이렇게 사는 걸 보니 할만한 거겠지'라며 나 역시도 워라밸이 충족되면 행복할 것이라 결론지었다.

이상하다, 분명 다 얻었는데?

 아침에 일어나 출근 준비를 한다. 차에 타 시동을 걸고 노래를 흥얼거리며 회사로 향한다. 얼음 잔뜩 넣은 커피를 마시며 메일을 확인한다. 마감 기한 내에 해야 하는 일들의 진행 상황을 점검하며 오늘 해야 할 일을 정하고 일과를 시작한다. 오전에는 친한 동료들과 구내식당 메뉴를 공유하며 점심으로 무엇을 먹을 것인가 논의하고, 오후에는 퇴근하고 집에 가서 뭘 할 것인가, 아니다. 솔직히 말하면 오후에는 퇴근하고 집에 가서 눕고 싶다는 마음 뿐이기는 했다. 하여간 그렇게 하루를 보낸다. 퇴근하고 나서는 운동도 하고, 악기도 배우고, 약속이 있는 날이면 아끼는 사람들과 저녁도 먹는다. 집에 와서 씻으면 어느새 9시 반이 되어있다. 보드라운 이불 속에서 휴대폰을 조금 만지작거리다가 이내 알람을 맞추고 잠이 든다.

눈을 뜨면 출근을 위한 삶이 펼쳐진다. 출근하기 위해 씻고, 먹고, 입는다. 아, 옷은 일하기에 적당히 편안하면서도 적당히 갖춘 옷으로 골라 입는다. 해야 할 일은 항상 산재해 있다. 다만 이 일을 내가 왜 하고 있는지 도무지 알 수 없을 뿐, 이 시간은 이 일을 하기 위함인가 아니면 이 일은 이 시간을 보내기 위함인가. 한참 집중해서 일을 하다가도 문득문득 찾아오는 찝찝한 감정들을 애써 모른척한다. 어쨌든 난 오늘 하루를 버텨냈고 잘 보냈고 그렇게 번 돈으로 퇴근 후의 나를 기쁘게 해주기 위해 운동을 한다. 배우고 싶던 악기를 배우고, 먹고 싶은 음식을 먹는다. 그렇게 집에 오면 또다시 출근 준비를 한다. 당장이라도 눈을 감아버리고 싶지만, 일찍 잠들면 일찍 일어나게 될 것이 뻔하니 11시쯤이 될 때까지 나를 깨어있게 해 줄 무언가를 찾는다. 쓸데없는 질문들을 묻어버리고 간신히 나를 이 세상에 붙들어 놓는다. 11시가 되면 드디어 나를 놓아줄 시간이 온다. 잠에 든다. 나는 살아있는 걸까?

별일 아니라고 해줘.

 분명 내가 그리던 삶이 펼쳐졌건만 왜인지 끝을 모르고 가라앉고 있었다. 형체 없는 찝찝함이 늘 따라다녔다. 답을 찾으려면 질문부터 똑바로 해야 하는데 질문은커녕 내가 느끼는 이 감정이 무엇인지 정의하는 것조차 불가능해 당혹스러웠다. 하지만 아무것도 안 하고 그냥 주저앉아 있을 수만은 없는 노릇이니 그 시절, 나는 답을 찾아보겠다고 부단히도 주변에 묻고 다녔다.

"'이 일을 왜 해야 하나' 하는 생각이 들어요."

→ "먹고살려고 하는 거지."

→ "일에서 의미 같은 거 찾으려고 하지 마."

→ "원래 홀수 연도 주기로 현타 와. 버텨. 다 지나가."

"어떻게 버텨야 하는지 잘 모르겠어요."

→ "대출을 받아서 집을 사!"

→ "결혼해서 애를 낳아. 애 크는 거 보면 살아진다."

→ "이것저것 배워봐, 아니면 여행을 좀 다니던가."

나는 내가 써야 하는 답을 남들에게서 찾아다녔다.

질문의 대상이 틀렸으니 나오는 답마다 족족 오답일 수밖에, 내가 느꼈던 위기감은 상당했다. 어떻게 얻어낸 나의 나무인데, 절대 내 손으로 베어버릴 수 없다고 생각하면서도 끝내 답을 찾지 못한다면 베어버릴 게 내가 될지 나무가 될지 모른다고 생각했다.

 그 어떤 것도 베어버릴 필요 없다고, 그저 다 지나가고, 다 그렇게 사니까, 그러니까 별일 아니라는 말에 못내 내가 잠잠해지기를 기다렸다.

나는 왜 이래? 왜 나만 이래?

 역시, 나는 나를 몰랐다. 잠잠해지기는 개뿔, 스치는 바람에도 눈물이 흐르는 지경이 되고 말았다. 진짜 나는 집을 사고, 결혼을 하고, 아이를 낳아 양육하기 위해 사는 걸까...? 나는 뭘 위해 먹고, 자고, 또 매일 아침 눈을 뜨는 걸까?, 이 모든 것은 왜 일어나는 걸까? 뭘 위해...? 어딘가에 갇힌 기분이었다.

 나는 여기 그대로 있을 뿐인데 하루하루는 계속 반복된다. 흘러가고, 반복되고, 나는 여전히 25살인데 시간은 자꾸만 간다. 내가 살아낸 시간은 열 발자국이 채 안 되는데 넘겨진 달력은 12장이 넘었다. 어지러워 토할 것 같았다. 믿는 신도 없는 주제에 부디 나에게 생각할 시간을 조금만, 잠시만 달라고 애원했다.

남들보다 빨리 기차에 올랐다며 기쁨에 내지르던 탄성은, 이 기차에서 내리는 방법이 있다면, 제발 나를 좀 내려달라는 흐느낌으로 변모해 있었다.

결국 기차 밖으로 튕겨져 나왔다. 죽기 아니면 까무러치기라는 말은 죽을 수 없으면 자동으로 까무러쳐진다는 말이었을까?

그저 무기력하게, 작고 네모난 침대 안에 갇혀 한참 동안 시간을 보냈다. '다른 사람들은 일의 의미 따위 찾지 않아도 잘만 살아가는데 나는 왜 이러나' 하는 억울한 마음이 사무쳤다. '왜 나라는 인간은 이렇게 나약해 빠져서 결국 공무원마저 대책 없이 그만두고 이렇게 튕겨져 나와버린 걸까?', '내가 뭘 할 수 있는 사람이기는 한 걸까?' 나를 비난하고 질책하는 시간의 연속이었다.

2부 　제과제빵사

진정 나의 선택만으로 점철된 삶

'이러지도 저러지도 못하는 건지, 안 하는 건지. 아 모르겠다.' 그렇게 산송장처럼 몇 달을 더 보내는 중이었다. '삶이 괴롭고 힘들고 지치기만 한데 나는 왜 살아야 하지?' 의문형으로 끝나기는 했지만 사실상 한탄에 가까운 푸념만 되뇌고 있었다.

매일 같이 이럴 거면 왜 살아야 하는지 되뇌고 있자니 '내가 실은 엄청나게 살고 싶은 게 아닐까?' 하는 생각이 들었다. 막상 죽을 생각은 없는 것 같고, 왜 살아야 하는지 이유를 궁금해하는 거 보니 대의명분이나 사명 같은 거라도 찾아서 '이런 연유가 있으니, 삶이 고통일지라도 살아야 한다.'고 나를 설득하고 싶은 게 분명했다.

내가 살고 싶다는 걸 인정하고 나니 '나는 왜 이래?, 왜 나만 이래?' 하는 물음은 사라졌다. 그건 더 이상 그렇게 중요한 질문이 아니었다. '내가 이렇게 생겼는데 뭐 어떻게 하나?' 일단 나는 살고 싶었고, 그렇다면 이런 나를 데리고 살아야 했다. 다른 사람들이야 어찌 됐든 나는 그저 이런 사람일 뿐이고, 내 인생은 나와 함께 전개될 것이었다. 그러니 이제 내게 중요한 건 '어떻게 살 것인가?'하는 물음이었다. 이렇게 질문을 바꾸고 나니 조금씩 침대 밖으로, 방 밖으로 나올 수 있게 되었다.

이번에는 책에서 답을 찾아볼 심산이었다. 나보다 현명한 사람들이 연구해서 내린 결론일 테니 답은 아닐지언정 힌트라도 있겠지 싶은 마음이었다.

당신의 궁금한 문제들을 직접 몸으로 살아보십시오.

『젊은 시인에게 보내는 편지』

'오 그렇단 말이지? 그래, 일단 이렇게 살아보지 뭐.' 대수롭지 않게 읊조리면서도 새로운 방법의 등장에 내심 설렜다. 궁금한 문제들을 시험대에 올리고 겪어보며 내게 맞는 것을 찾아가는 삶이라. 오랜만에 내 앞에 놓인 삶이 흥미진진하게 느껴지기 시작했다.

내가 궁금했던 것은 두 가지, '내가 하는 그 일을 왜 해야 하는가?', 그리고 '그 일을 어떻게 지속할 수 있는가?'였다.

일이 단지 생계 수단이라면, 어떤 일이라도 상관없는 셈이니 내가 할 수 있는 것 중 제일 조건이 좋은 것을 골라잡으면 그만이라는 결론에 이른다. 하지만 나는 그렇게 선택한 공무원을 하며 내내 '이 일을 왜 해야 하지?'가 의문이었던지라 그 일을 해야 하는 이유 혹은 그 일이어야만 하는 이유를 찾고 싶었다.

 또 매일 같이하는 일을 어떻게, 당최 어떤 마음으로 평생을 하겠다는 마음을 먹을 수 있는 건지도 궁금했다. 처음 살아보는 직장인의 삶은 끝이 없는 단거리 달리기를 하는 삶이었다. 월화수목금 내내 전력으로 질주해서 주말이라는 결승선에 도달하지만, 결승선은 금세 출발선이 되어있었다. 달콤한 낭패감, 그 허탈함은 일을 그만두는 그날까지 영원히 반복될 것이 자명했다. 나는 어떻게 이런 삶을 지속하는 것을 선택할 수 있는지, 무엇이 그 선택을 가능하게 하는지 궁금했다.

 고민 끝에 내린 답은 의미. 즉, 가치 찾기였다. 내가 추구하는 가치를 찾으면 그게 곧 그 일을 하는 이유가 될 테고, 꾸준히 가치를 얻을 수 있다면 내가 일을 지속할 수 있는 이유가 되어줄 터였다.

이 작업의 핵심은 "내가" 일에서 얻기를 원하는 가치가 무엇인지 알아내는 것이다. 그리하여 나는 나를 갈증 나게 했던 것은 무엇이었고, 막상 그리 중요하지 않았던 것은 무엇이었는지, 끝내 포기할 수 없는 가치는 무엇일지 적어보고 추려보기를 반복했다.

사람은 일기장에도 거짓말을 쓴다는 유명한 대사가 있듯, 처음에는 누가 본다고 이렇게 그럴듯한 말만 골라 적고 있는 건지 현타가 올 때도 있었다. '그래도 어떻게 하냐, 해야지.' 나는 진짜 내가 어쩌고 싶은 건지 궁금했다. 그걸 알 수 있는 사람은 나뿐이고, 그걸 알아야 해결이든 해소든 해방이든, 하여간 나를 구할 수 있을 테니 그냥 계속했다.

긍정, 부정, 판단, 평가

내가 나열하는 글자들에 잣대를 들이대지 않으니 비로소 솔직한 나를 마주할 수 있었다.

전문성, 또 다른 형태의 안정감

내가 안정감을 추구하는 사람임에는 틀림이 없었다. 다만 내가 간과한 사실이 하나 있으니, 나는 생각보다 훨씬 더 안정이 중요한 사람이었다.

대학 시절, 근로장학생으로 일하며 나름 내 돈은 내가 번다고 생각했지만, 큰돈이 필요할 때면 당연히 부모님이 해결해 줄 거라 기대하고 있었다. 완전한 독립을 해 본 일이 없던 것이다. 하지만 나는 이제 어엿한 직장인. 당연히 차 할부금도 내가 갚고 전세대출 이자도 내가 내야 했다. 목돈이 필요할 때를 대비해 저금도 하다 보니 처음으로 노후에 대해서도 생각해 보게 되었다.

공무원은 명실상부 고용 안정성의 대표 주자였지만 그것도 딱 '퇴직 이전까지의 나'에게만 해당하는 말이었다. 소위 반토막이 나버린 연금은 65세 이후의 나를 부양할 수 없다는 사실을 깨닫게 된 것이다. 항간에 공무원 연금이 예전 같지 않아 큰 장점이 되지 못한다는 말은 익히 들어 알고 있었으나 사실 공시생에게는 알 바가 아니었다. 하지만 나는 이제 공무원. 삼삼오오 동기들과 모여 우리가 받게 될 연금에 대해 계산하면서 불안해지기 시작했다.

비슷한 맥락에서 나를 불안에 떨게 한 것이 또 하나 있으니 바로 시장가치였다. 직무마다 다르다고는 하지만 나는 내가 이 일을 도대체 어떤 방향으로 열심히 해야 65세 이후의 내 시장가치를 올리는 데 도움이 되는지 방법을 찾지 못했다. 공무원 인사는 수시로 있어 모든 시간이 임시직 같았는데, 내가 이 업무를 몇 년이고 하게 될 수도 있지만 몇 개월 만에 다른 일을 해야 할 수도 있는 환경이었다. 그곳에서 나는 항상 '적당히'를 선택했다. 그러니 일에 깊이가 생길 턱이 없었다. 깊이 없는 나는 퇴직 후 어떤 시장가치를 지닐 수 있을까? 불안했다.

아니, 나는 여기서 못해도 40년은 일할 텐데 그 뒤의 나는 내가 책임져야 하고, 근데 내 행태를 보자 하니 이대로 40년 뒤에 야생으로 나가면 난 초식동물일 것이 뻔했다. 인공지능의 시대가 도래한다는데!! 나, 이대로 있어도 되나? 비상, 비상, 비상이었다.

그리하여 이번에는 전문성이 있어야 하는 직업을 가져야겠다고 생각했다. 나의 기술을 가진 사람이 된다면 고용 안정성도 자연스레 따라올 것이고, 경력이 쌓이는 만큼 내 시장 가치도 오를 것이라 판단했다.

조직에 의존할 필요 없이 나의 맨몸으로 살아낼 수 있는 기술을 지닌 일이라면, 필시 내게 영속적인 안정감을 가져다주리라.

성장과 성취 그리고 성과

해낸 만큼 내 땅이다.

정해진 경계 안에서 행복한 나였지만 경계의 수정 권한이 모조리 타인에게 있는 삶이 이렇게나 숨 막힐 것이라고는 예상하지 못했다. 나를 나무에 단단히 묶어 놓는 일에는 성공했다만 이 줄의 길이는 내가 정할 수 있는 게 아니었다. 나의 발버둥으로는 단 한 뼘도 그 경계를 늘릴 수 없었고, 주어진 경계 안에서 나는 지루하고 따분해 견딜 수 없이 답답했다.

애써 발버둥 치지 않아도 월급과 연차는 매년 정해진 시기에 늘어 내 경계를 넓혀줄 것임이 분명했다. 그 안에서 충분히 행복할 나라고 생각했지만, 막상 나는 예상치 못하게 전투적인 사람이었던 것이다.

치열하게 살지 않아도 변함없이 월급이 나온다는 말은, 치열하게 발버둥 쳐도 변함없이 같은 월급이 나온다는 말이었으니 내 선택은 매번 '적당히' 였다. 달리고, 나아가고, 끓어올라 도달하고 싶다가도 '이거 열심히 해서 뭐해? 승진? 연봉상승? 아무것도 없는데, 굳이?' 하고는 도달할 곳을 찾지 못해 끝내 허공에 부서졌다. 그런 선택을 하는 내가 합리적이라고 생각하면서도 못마땅했다. 해낸 만큼 내 땅이었으면 좋겠다는 생각이 떠나지를 않았다.

'성장과 성취 그리고 성과' 내가 이들을 한 데 묶은 이유는, 내가 성과에 움직이는 사람이었기 때문이다. 나는 성과가 없는 성장과 성취에는 흥미가 없었다. 성과를 달성하고자 달려가는 내 모습을 사랑했지만, 달성할 성과 없이는 달릴 수 없는 사람이었다. 내게는 성장과 성취를 느끼게 해 줄 성과, 그러니까 목표 같은 것이 필요했다.

빠르게 실패하기

> 가능한 더 빨리 시작하고 최대한 더 많이 실패하라
>
> 『빠르게 실패하기』

주저할 것이 있나? 가치 선별은 끝났고, 나는 최대한 빨리 내가 궁금한 것들을 몸소 살아보며 답을 찾고 싶었다.

그러니 분야가 제과제빵이었던 것에도 별다른 이유는 없었다. 당시 국비 교육 학원에서 진행 중인 교육과정 중 제과제빵이 나에게 가장 익숙했을 뿐이다. 거칠 것 없이 학원에 등록했다. 제과기능사, 제빵기능사, 바리스타 2급을 취득했고 서울에 있는 유명 제과학원을 오가며 몇 달간 케이크도 배웠다. 디저트 카페를 운영하는 사장이 되어 성장, 성취, 성과 트리오와 전문성 모두를 추구하며 살아볼 심산이었다.

제과제빵이라는 기술은 정비례하지는 않을지언정 내가 공을 들인 만큼 가시적인 성장을 보여줄 테고, 그게 나의 맨몸에 두를 수 있는 전문성이 되어줄 것이었다. 또한 자영업자이기에 해낸 만큼 내 땅이니 자연스레 밤낮없이 내달리는 나로 이어져 꾸준히 재미를 느끼며 일을 지속할 수 있을 거라 생각했다.

디저트 카페에서 아르바이트를하며 연습과 배움을 거듭할수록 늘어가는 실력을 보는 것은 실로 즐거웠다. 카페 운영 전반에 대한 지식을 습득하는 것도, 몸소 겪는 과정도, 이 모든 경험이 오롯하게 미래의 나에게 좋은 거름이 될 것이라는 생각에 매일이 만족스러웠다. 몇 달 정도는 그랬다.

싫으면 못자리나 보러 다니든가.

참다운 삶을 바라는 사람은 주저 말고 나서라.
싫으면 그뿐이지만, 그럼 못자리나 보러 다니든가.
『몰입의 즐거움』(오든)

단언컨대 나는 분명 공무원을 할 때보다 훨씬 활력 있고 생기 있는 사람이었다. 참말로, 환장할 노릇이었다. 시험대에 오른 가치들이 모두 정답이었건만 나는 또 '이거 해서 뭐해...?' 하는 수렁에 빠지고 말았다.

내가 지금 열심히 달려가고 있는 이 길의 끝에는 카페 사장이 된 내가 있을 예정이었다. 카페 사장이 되고 나면 해낸 만큼 내 땅일 테니 매출을 늘리고 내 가맹점을 늘리기 위해 밤낮없이 내달리며 일하는 것도 할만할 것 같았다. 카페 사장이 되어있을 나도, 카페 사장이 되기 위해 살고있는 나도, 다 그런대로 괜찮은 것 같은데 자꾸만 '카페 사장 돼서 매출 늘리고 가맹점 늘리면 뭐 할 건데?, 왜 그걸 위해 달려야 하는데?' 하는 생각이 들었다.

분명 나쁘지 않은데 자꾸만 이 일을 왜 해야 하는지 의문이 들었다. '내가 원한다고 생각했던 가치들이 실은 내가 원하는 것이 아니었던 걸까?', '이런 의문이 들 틈을 주지 않을, 내가 모르는 가치가 있는 걸까?' 어디서부터 수정해야 할지 막막해서 모른척하고 싶었다. 다 왔다고 생각했는데 다시 원점으로 추락해 어디론가 빨려 들어온 것만 같았다.

허나 이전의 경험으로 알게 된 사실이 있다면, 나는 수렁에 빠진 나를 두고 볼 수 있는 사람이 아니라는 것이었다. 당장은 모른 척할 수 있어도 머지않아 기어코 나를 건져낼 것이 뻔했다.

잠깐 주저앉아 있기를 선택할 수도 있었지만, 어차피 내가 가야 하고, 나만 갈 수 있고, 또 분명 나는 다시 길을 나설 것이기에 이번에는 지체하지 않고 일단 걸어가 보기로 했다.

3부 계획 수정

자, 이제 시작이야.

 처음의 일기장부터 되짚었다. 나는 지금 '일에서 어떤 가치를 얻고 싶은가.'에 몰두하고 있었다. 일에서 내가 원하는 가치를 지속적으로 얻을 수 있다면, 그게 일을 해야 하는 이유가 되어 준다는 가정이 전제된 실험이었다.

 결과적으로 시험대에 오른 가치들은 일을 지속할 수 있는 이유가 되어주었으나 여전히 일을 해야 하는 이유가 되어주지는 못했다. 이로써 일에서 얻는 가치가 일을 해야 하는 이유에 대한 답이 되어주지 못할 수도 있다는 가정이 하나 추가된 것이다.

質문 = 이 일을 왜 해야 하는가?

가정 1)

: 일에서 얻는 가치가 그 일을 하는 이유가 되어준다.

실험 1)

: 아직 이유가 되어 줄 만한 가치를 못 찾은 것이니,

시험대에 다른 가치를 올려본다.

가정 2)

: 다른 정답이 있다.

실험 2)

: 아직 어떻게 실험해야 할지 모르겠다.

선명한 계획 없이 비효율적으로 움직이고 싶지는 않았다. 새롭게 추가된 가정은 틈틈이 책을 읽으며 찾아보기로 하고, 일단 하던 실험을 마저 하기로 결정했다.

시험대에 다른 가치를 올려보려 했으나 내가 추측할 수 있는 것들은 모두 올려본 상황이었다. 내가 인지하지 못하고 있는 중요한 핵심 가치가 있을 수도 있다고 생각했다. 스스로 찾지 못했으니, 이번엔 전문가의 도움을 받아 볼 요량이었다.

비용을 감수하고서라도 시중에 있는 검사들을 모두 진행해보겠다고 마음먹은 이유는 온전히 나를 위함이었다. 설사 핵심 가치를 찾지 못한다 하더라도 나는 나아가야 했다. 가정 1을 폐기하고 새로운 질문으로 넘어가야 하는 상황에 직면하게 되었을 때 망설이지 않으려면 스스로 충분히 납득할 만한 근거가 필요했다. 나는 전문적인 근거에 입각한 사실에 쉽게 설득되는 사람이니 배수의 진을 친 것이다.

어른의 중력

끝없이 도약하려 애쓰지만,

발조차 떼지 못하는 상황에서도 줄곧 견뎌내는

『어른의 중력』

TCI, MMPI, SCT, 버크만, CST, 갤럽 강점 평가, 정신건강의학과 전문의가 만들었다는 직무 관련 검사까지. 자신에 대해 알 수 있다는 신뢰할 만한 검사는 다 했다. 시간당 10만 원을 상회하는 전문가 상담도 모조리 진행했고, 나에 대해 알 수 있다는 강의들과 책을 사서 듣고 쓰고 읽었다. 몇 번이고 리포트들을 필사하고 축약하고 상담 결과들과 비교해 가며 새롭게 알게 될 나를 도출하기 위해 애썼다. 이쯤 되면 오기로 아득바득했던 것 같기도 하다.

상담을 마칠 때면 상담사들은 나에게 아직 어리니 무엇이든 될 수 있다고, 너무 힘들어하지 않아도 된다고 위로와 격려의 말을 건네곤 했다. 허나, 무엇이든 될 수 있다는 말은 아직 시도해 봐야 할 일이 산더미라며 날 지치게 만들었고, 넌 아직 어려서 괜찮다는 말은 네가 지닌 특권의 기간도 얼마 남지 않았다며 날 조급하게 했다.

그렇다고 포기할 거냐? 그러기엔 나는 너무 살고 싶은 사람이었다. 나만 해결할 수 있는 나의 문제였다. 그러니 별도리가 없었다. 끝없이 도약하려 애쓰지만, 발조차 떼지 못하는 상황에서도 줄곧 견뎌내는 수밖에. 주기적으로 찾아오는 우울과 불안은 애저녁에 익숙해졌음에도 불구하고 여전히 달갑지 않은 손님이었지만, 적당히 달래 돌려보내는 법을 터득하는 중이었다.

돈 되는 걸 해야지.

 이제 와 보니 우습고 놀랍기는 한데, 내게 가장 중요한 직업적 가치와 관심사 부문의 최상단에 위치해 있던 것은 '문학'이었다. 가치 지향성을 바탕으로 평가한 '직군별 성향 유사성 검사'에서도 '예술/창조 분야'가 나와 가장 유사성이 높았다. 집필과 같은 고도의 언어 기술에서 창조적 흥미를 느끼며 다양한 매체를 통해 전달되는 추상적인 아이디어 감상을 선호한다는 것이었다.

 하지만 당시의 나는 정말 1초의 고민도 하지 않고 이를 무시했다. '문학? 창조? 그런 게 돈이 되나?' 난 그런 일을 해본 적도 없거니와 그런 걸 업으로 삼으려면 해리포터마냥 '선택받은 자'에 비견하는 재능이 있어야 한다고 생각했다.

 나는 그런 사람이 아니었다.

혹시 이걸까?

나는 여전히 성취 지향적이고 가시적인 성과가 중요하며 안정적인 것을 추구하는 사람이었다. 그렇게 못 본 척한 나와 이미 알고 있던 나를 제외하면 남은 것은 '사회적 기여'였다. 타인에게 도움을 줌으로써 느끼는 성취감이나 가치. 자기소개서에나 쓸 법한 가치라는 생각이 잠깐 스쳐 지나갔지만 뭐 밑져야 본전이니까. 아니, 남은 게 이것뿐이니까 일단 추구해 보기로 했다.

사회적 기여, 무턱대고 시작하기엔 범위가 너무 넓었다. 내가 느끼고 싶은 공헌감은 어떤 종류의 것이며, 어떤 직업을 가져야 그 공헌감을 많이 느낄 수 있을까? 다른 사람들은 일에서 어떤 공헌감을 느끼는지 알아보며 선택지를 추려보고 싶었건만 당시의 내 주변은 공무원이거나 공무원을 준비

하는 사람들뿐이었다. 유튜브를 통해 보는 세상은 전혀 와 닿지가 않았고, 역시, 백문이 불여일견이라고 아무래도 다양한 직업군의 사람들을 직접 만나 물어봐야겠다고 결론지었다.

　주말마다 서울행 버스에 몸을 실어 이런저런 독서 모임을 다니기 시작했다. 레퍼런스 수집을 위한 여정이 시작된 것이다.

4부 연구원

온 세상 어른들을 다 만나고 오겠네.

 세상에는 정말, 진짜로, 책에 적혀있던 것처럼 다양한 형태의 삶이 있었다. 이게 글자로 보면 너무 당연한 것처럼 느껴져도 실제로 처음 마주한 나에게는 새로운 세계에 들어선 마냥 충격이었다. 전공대로 사는 사람이 드물었고, 첫 직장을 계속 다니고 있는 사람은 더 찾아보기 힘들었다. 당연히 직업은 공무원, 공기업, 자영업자 말고도 셀 수 없이 많았다.

 방황하는 20대 청춘이 가여워 보이셨던 걸까. 일을 왜 하시냐, 어떤 마음으로 하시냐, 어떻게 하다가 그 일을 하게 되셨냐 하는 자칫 곤란하고 귀찮을 수 있는 질문들에도, 그 무렵 내가 만났던 어른들은 아주 친절하고 자세하게 당신들의 이야기를 해주셨다.

여기저기 다니며 많은 사람들을 만나다 보니 2달 정도 일할 인턴을 구하는 연구소를 알게 되었다. 이력서를 제출하고 면접을 봤다. 국가 연구과제를 수행하며 정책을 제안하는 일을 하는 연구소였는데, 나의 하나 남은 가치, 공헌감을 느껴보기에 너무도 적합한 일이었다. 내가 할 수 있는 실질적인 기여는 없을지라도 현업에 종사하시는 분들께 직접 질문할 수 있는 더없이 좋은 절호의 기회였다.

출근해도 좋다는 소식을 듣자마자 근처 에어비앤비 방을 계약하고 최소한의 짐을 꾸려 올라갔다. 내가 받게 될 월급의 반 이상이 되는 월세였지만 그게 대수냐. 망설일 필요도 없었다.

당시에는 몰랐으나 이때 이미 내 인생은 새로운 국면으로 들어서고 있었다.

가자, 서울로

 역시나 유튜브와 실제 마주한 세상이 천지 차이였듯 잠깐의 질문으로 알 수 있는 것과 직접 옆에서 보는 것은 가히 그 깊이가 달랐다. 도출해 낸 연구 결과로 정책을 제안하는 일은 내가 하는 일이 세상을 더 나은 방향으로 가게 만든다는 생각에 공헌감을 느끼기에 충분했다.

 무엇보다도, 연구원이 된다면 내가 지금까지 추구해 온 가치들을 모두 실현할 수 있을 거라는 점이 나를 매료시켰다. 석사, 박사과정을 밟으며 전문성은 자연히 길러질 것이고, 연구과제를 진행하며 성취감과 성과도 꾸준히 얻을 수 있다. 연구원이라는 직함은 꽤나 멋있어 잠자고 있던 나의 인정욕구가 슬며시 고개를 들었고, 연구자로서의 역량은 내가 하는 만큼 길러지니 이 역시 해낸 만큼 내 땅인 것이었다.

이 밖에도 연구과제마다 다양한 논문을 봐야만 하니 새로운 지식을 습득하는 것을 좋아하는 내게 적합하다는 점, 강사 혹은 자문위원 등 내가 쌓은 경력으로 다른 일들을 시도해 볼 수 있다는 점도 참으로 매력적이었다. 그러니 연구직에 종사하기 위해 대학원에 진학하려면 미리 서울로 올라가야겠다고 생각했다.

아니, 솔직히 말하면 구체적인 계획은 없었다. 단지 내가 봤던 그 넓은 세상에서 나도 살고 싶었다. 어차피 내가 살던 곳에서는 정답을 찾을 수 없었다. 내가 찾는 답이 꼭 연구원이 아닐지라도 더 많은 경험을 더 해 보기 위해서는 서울에 가는 것이 옳다고 생각했다.

그리하여 2달간의 인턴 생활을 마치고 내려오자마자 한 일은 다시 서울로 올라가 발이 부르트도록 월세 집을 찾아다닌 일이었다.

현실적으로 판단해 보기에도 서울에는 내 한 몸 먹여 살릴 일자리는 넘쳤다. 일단 올라가면 일하면서 대학원 진학을 준비할 수도 있고, 설사 진로가 바뀌더라도 나는 어떻게든 나를 책임질 것이라는 믿음이 굳건히 자리하고 있었다.

워라밸, 워라밸!

운이 좋았지, 아니면 겁이 없었던가.

서울에 올라가면 뭐부터 해야 할지 고민도 시작하기 전에 취업이 됐다. 집을 계약하고 내려와 이삿날 전까지 정말이지 오랜만에 푹 쉬던 중이었다. 인턴 기간 동안 외부 연구진으로 몇 번 마주쳤던 이사님께서 면접을 보러 올 생각이 있냐며 전화가 온 것이다.

회의 때마다 뭘 그렇게 열심히 적는지, 하여간 연구 노트를 빽빽하게 써 내려가던 내 모습이 인상적이었다고 하셨다. 감사하게도 원하는 근무조건이 있는지 먼저 여쭤봐 주셨고, 나는 주 4일만 일하고 싶다고 말했다. 풀리지 않던 단 하나의 의문, 워라밸을 시험해 볼 기회임에 틀림없었다.

맨 처음 직장생활을 시작하고 난 뒤 나를 가장 혼란스럽게 한 것은 워라밸이었다. 인정욕구는 한껏 충족되었기에 그 자체만으로도 월급보다 더 짜릿한 마약이었다. 안정감 또한 충분히 느낄 수 있었지만, 묘하게 무언가가 잘못되었음을 직감했을 때 '나에게 안정감보다 더 중요한 가치가 있나 봐.'라고 수용할 수 있었다. 하지만 워라밸은 모두가 그렇게 산다는 이유만으로 끝까지 내가 나를 의심하게 했다.

6시에 칼퇴근을 하고 내가 좋아하는 것들로 남은 시간들을 채워봐도 여전히 공허하고 버거웠다. 처음 몇 달은 적응하느라 피곤해서 그런 것이라 생각했고, 일이 익숙해졌을 즈음에는 내가 인내심이 없고 철이 없어서 견디기 힘든 것이라 생각했다. 아무리 힘들더라도 당연히 내가 감당해야 할 몫이고, 이게 어른이 짊어져야 하는 무게이며, 이겨내고 참아내고 아득바득 적응해야 하는 삶이라고 생각했다. 일과 삶을 분리하여 삶의 시간 동안에서 찾은 행복만으로도 살아갈 수 있다는 말은 내게 반문의 여지가 없는 진리와도 같은 말이었다.

그 이후에 다른 직업들을 거치는 동안에도 워라밸에 대해 특별히 생각해 본 적은 없었다. 일을 하는 시간에서 내가 원했던 가치들을 얻으며 만족스러웠기도 했고, 보편적인 근무 조건 자체가 주 5일이라 내가 결정할 수 있는 일이 아니었기도 했다.

5대 2로 나눠진 삶도 나름 괜찮았다. 하지만 나는 결국 그 일들을 그만뒀지 않은가. 어쩌면 나는 4대3으로 나뉜 삶의 형태에 더 적합한 사람일지도 모르는 일이다. 그러니 이 기회를 놓칠쏘냐. 나는 겁도 없이 주 4일을 외쳤고 감사하게도 주 4일로 일할 수 있게 되었다. 참 운이 좋았다.

찬찬히, 그리고 차근하게

연구원으로 일을 하면서 나는 완전히 인정하게 되었다. 일에서 내가 원하는 가치를 얻는다 해도 일을 왜 해야 하는지에 대한 대답은 되어주지 못한다.

연구원도 괜찮았다. 할 만했다. 이 정도면 나쁘지 않다고 생각했다. 마구잡이로 집계된 데이터들을 이리 보고 저리 보며 '어떻게 연구 내용과 연결 지어 활용할 수 있을까?' 고민하고 분석하는 일은 재미있었다. 전처리를 하는 시간이 지루하긴 했어도 숫자들에 질서를 부여하는 일은 여전히 흥미로웠다.

하지만, 형체 없는 감정과 함께 찾아오는 그 출처 모를 물음은 여전했다.

"이 일을 왜 해야 하는가?"

그러게.....? 왜 해야 할까?

이전의 나였다면 '으악 진짜 답답해 죽겠다. 왜 또 처음으로 돌아간 거야! 이거 끝나긴 하는 거야?' 하며 숨 막히게 답답해했을 것이다. 허나 내 선택으로 점철된 삶을 살아보자 결정한 지 어언 3년, 나는 결국 나를 위해 방법을 찾아낼 거라는 확신이 자리하고 있었다. '급할 것도 없지.' 일하는 시간 동안에 내가 사랑하는 가치들을 이곳저곳에서 찾아 충분히 느껴가며 찬찬히, 그리고 차근하게 고민할 수 있었다.

더 이상 불안과 우울 그리고 조급함에 잠식되어 버리는 일은 없었다. 이따금 찾아와 기운을 빼놓으려 할 때마다 그에 대응하는 나의 행동강령이 생겨 이제 그것들을 다루는 데에도 제법 능숙해졌다.

궁금해할까 싶어 적어 보자면 일단 그 자리에서 당장 몸의 감각에 집중하며 10번쯤 호흡을 한다. 여전히 감정들이 엉겨 붙어 있다면 밖으로 나가서 정처 없이 걷는다. 그래도 떼어지지 않는다면 이제 나에게 물어본다. "잠은 잘 잤니?, 밥은 잘 챙겨 먹었니?, 운동은 했니?, 샤워는 했니?" 차례로 물어본다.

 잠을 못 잤다면 일단 자고 생각하기로 한다. 밥을 못 먹었으면 일단 먹고 생각하기로 하고, 운동해 보고, 샤워해 보고 생각하기로 한다. 이놈들은 수용성이라 샤워까지 마치면 정말이지 뽀득뽀득 씻겨 내려가 자취를 감춘다.

5부 대전제 다시 쓰기

올바른 답은 올바른 질문에서

분명 나는 일이 할 만했는데 문득문득 '이 일을 왜 해야 하나?' 하는 생각이 들었었다. 그렇다면 언제, 언제 그런 생각이 들었을까?

내가 문득문득 이라 어물쩍 뭉개버렸던 그런 순간들에 어쩌면 답이 있을지도 모르는 일이었다. 그래서 그 지점들을 다시 파헤쳤다.

나는 끝을 생각할 때 그런 의문들이 떠올랐다. 그러니까 그동안의 나는, 그 직업에 종사한 뒤의 내가 도달해 있을 종착지를 생각해 봤을 때 '그게 내가 그렇게 원하는 것은 아닌데?, 내가 기대했던 미래는 그게 아닌데?' 하는 생각이 들었었고, 그 생각에 이어서 '그럼 내가 이걸 지금 왜 해야 돼?'

하는 의문을 떠올리고는 했던 것이었다.

"공무원 해서 뭐 해? 퇴직하면 초식동물인데?"

"카페 사장 되면 뭐 해?, 돈 많이 벌어서 뭐 해?
내가 원하는 건 그게 아닌 것 같은데?"

"연구원 해서 뭐 해?
지금 내 수준이면 AI 한테 금방 따라 잡힐 텐데?
결국 기술에 쫓기는 삶 아닌가?"

하지만 내가 일하는 내내 의문이 떠올랐던 것은 아니었다. 분명 문득문득 이었다. 이상하지 않은가? 그 결과가 내가 원하는 것이 아니라고 판단을했다면, 이유가 명백하게 사라졌으니 매일 같이 의문이 들어야 마땅한데 나는 분명 어느 날은 괜찮았고, 어느 날엔 숨 막히게 답답했다.

나는 카드 돌려막기를 하고 있었던 것이었다. "왜 해?, 해서 뭐해?"하고 물어올 때마다 "돈이 되니까", "유망하니까", "멋있으니까", "이 정도면 괜찮은 결과 아니야?"라는 대답들로 그럴듯하게 얼버무리고 있었다. 그러다가 기어코 "야, 솔직히 아니잖아. 그거 아니잖아."하는 날이 문득문득 이었던 것이다.

자, 이제 이런 의문이 자꾸만 드는 원인을 다 파악했다.
첫째로, 나는 일을 오로지 내가 원하는 결과를 도출하기 위한 수단으로만 여기고 있었다. 그러니 결과가 내가 원하는 것이 아니라는 것을 깨달았을 때 그 일을 하는 이유가 없어졌고, 연이어 '내가 이 일을 왜 해야 하지?'하는 질문이 떠올랐던 것이다.

 두 번째로 나는 정작 내가 원하는 것이 무엇인지 몰랐다. 카드 돌려막기가 가능했던 것은 그 무수한 오답들이 정답일지도 모른다고 생각하며 헷갈렸기 때문이다. 진짜 내가 원하는 결과, 종착지가 무엇인지 알았다면, 원하는 것이 아니라는 판단이 섰을 때 헷갈리며 머뭇거리지 않았을 거다.

 그렇다면 내가 일을 수단으로 삼아서라도 하고 싶은 "뭘"은 뭘까? "이거 해서 뭐해?"의 그 "뭐"는 도대체 뭐냐 말이다. 궁극적으로 내가 하고 싶은 것?, 도달하고 싶은 상태? 환경? 하여간 그걸 찾아야 했다.

감히 고개를 들어
날아볼 생각을 해본 적이 없다.

한동안 이 질문에 대한 답을 전개 시킬 수가 없었다. 내가 하고 싶은 게 뭐냐니? 직업을 선택하는데 감히 내가 뭘 하고 싶은지를 가장 최우선으로 두고 고민해도 되는 걸까?

왜인지는 모르겠지만 내 무의식의 저변에는 아래와 같은 문장들이 진리처럼 자리 잡고 있었다.

"좋아하는 일을 하면 돈이 안 돼."

"지금 하고 싶은 일을 하면서 즐겁고 행복하다면,
미래의 너는 지금 행복 하느라 방만한 너 때문에
분명히 힘들걸?"

"지금 힘들어야 잘하고 있는 거야.
미래의 넌, 지금의 네 덕분에 반드시 행복할 거라구!"

"그러니 지금 힘든 건 힘든 게 아니야."

내 현재는 미래를 위한 수단이자 여정이어야만 했고, 지금 좋아하는 일을 찾아 즐거움을 누리는 것은 사치였다. 그러니 맨날 그럴듯한 목표만을 정해서 달리기나 했지, 해 낸 만큼 내 땅이었으면 좋겠다고 하면서 뭘 해내고 싶은지에 대해서는 감히 내가 정해 볼 생각을 해 본 적이 없었다.

하지만 막상 살아보니 나는 늘 현재에 산다. 또, 심지어 나는 내가 좋아하는 일이 당최 뭔지도 모르면서 돈이 안 될 거라고 생각하고 있었다.

모순점을 찾으니 내가 뭘 하고 싶은지, 좋아하는 게 뭔지 고민해 봐도 된다고 스스로에게 허락을 받은 것만 같았다.

뻔한 질문을 왜 자꾸 하는 건지

"'뭐'는 뭘까? 내가 하고 싶은 일?, 도달하고 싶은 상태?, 환경?" 질문이 흐릿해서 또 몇 주는 되뇌었던 것 같다. '내가 궁금한, 내 마음에 꼭 들어맞을 그 대답은 명사여야 할까, 동사여야 할까?' 당장 모르겠는 것들은 뒤로하고, 일단 한 번도 대답해 보지 않은 "내가 진짜 하고 싶은 일은 뭘까?"에 대해 고민해 보기로 했다.

"내가 진짜 하고 싶은 일을 찾는 법"을 검색하면 가장 많이 나오는 방법은 이런 뻔한 질문들에 답을 해보라는 것이었다.

"돈이나 지위에 구애받지 않고 살 수 있다면

무슨 일을 하고 싶은가?"

"무엇이 실제로 나를 행복하게 하는가?"

"성공이 나를 행복하게 하는가?"

"성공에 대한 나의 정의는 무엇인가?"

돈, 성공, 지위, 명예 이런 것들을 다 빼고 생각하려니 정말 힘들었다. 써 내려가다 보면 어느새 이제껏 내가 지녔던 전제들이 나를 끌어당기고 있었다.

아니, 그리고 나는 여전히 멋지고 싶었다. 근데 남들이 멋지다고 안 해주면 뭘 할 거냐고?

나는 이제 좀 나를 안다고 생각했는데 섣부른 판단이었을까? 돈, 성공, 지위, 명예. 이런 것들을 빼고 고민해 봐야 한다니, 참 막막했다.

내가 좋아하는 것, 하고 싶은 것, 나를 행복하게 하는 것들을 적은 종이에는 노란색, 라자냐, 수육, 자전거 타기, 카페에서 멍때리기. 이런 것들뿐이었다. 하하.

그래서, 내가 누군데?

   며칠째 이런저런 비슷한 대답들을 써내려 가다가 불현듯 그런 생각이 들었다. '내가 돈, 명예, 지위, 성공을 가져본 적이 있던가?' 추구하며 살기는 했어도 사실 내가 가져본 적은 없었다. 가져본 적도 없으니 '충분히 가졌다면, 혹은 가질 수 없다면 어떤 선택을 할래?'라는 질문이 와닿지 않는 것 아닐까 싶었다.

   또, 내가 이 질문이 담고 있는 본질을 파악하지 못하고 있는 것은 아닌가 하는 의문이 들었다. 고전이 고전인 데에는 이유가 있듯, 이 질문이 꾸준히 회자되며 많은 사람들을 감화시켰던 데에는 분명 이유가 있을 텐데 내가 그 본질을 보고 있지못하다는 생각이 들었다.

이 질문이 시사하는 바가 무엇일까?, 이 질문의 본질이 무엇일까?, 내가 가져보기도 하고 잃어보기도 했던 것 중에 돈, 명예, 지위, 성공에 상응하는 것은 뭐가 있을까?

내가 찾은 것은 시간, 기회 그리고 마음의 여유였다.

"나에게 시간, 기회, 마음의 여유가 있다면

나는 뭘 하고 싶은가?"

일말의 망설임도 없이 내가 한 대답은 '내가 좋아하는 일, 나를 행복하게 하는 일을 하고 싶다.' 였다. 이어서 자연스럽게 내가 행복을 느꼈던 장면들이 수두룩하게 쏟아져 나왔다.

이 중에 단연 일 순위로 꼽은 것은 글쓰기였다. 나는 내가 궁금한 것들에 대한 이유와 답을 찾아 나의 방식으로 이해하고, 그걸 글로 정리하는 것이 좋았다.

나는 항상 궁금한 게 많았는데 '저 사람은 왜 저럴까?' 하면 심리학 책을 읽었고, 처음 이별을 경험하고 나서는 '사랑은 뭘까?, 영원은 뭘까?, 왜 영원을 기대하고 싶은 걸까?' 하면서 책을 읽었다. 불안에서 뛰쳐나오고 싶어 불안이 어디에서 기인하는지, 어떻게 하면 잘 관리할 수 있는지에 관한 책들을 찾아 읽었고, '나는 자유를 감당할 수 있는 사람인가?' 하는 생각이 들면 자유란 무엇인지, 왜 감당해야 한다고 느낄 만큼 버겁게 느껴지는지 또 책을 찾아 읽었다.

이 밖에도 내가 궁금한 것들과 그래서 읽은 책들을 적어 보자면 끝이 없었다. 그렇게 썼던 글들도 한 무더기였다.

오호라, 나는 나의 시선에서 이해한 세상을 글로 정리하는 것을 좋아했다. 나는 이걸 "나를 찍어내는 일"이라고 정의하기로 했다.

내 절취선은 내가 만든다.

 좋아하는 일을 찾았다고 별안간 회사를 그만둘 수는 없었다. 나는 내 생계를 책임지는 성인이니 재정 상태부터 점검에 들어갔다. 모아둔 돈과 적금 만기일, 받게 될 퇴직금과 최근 1년 생활비 지출 내역을 파악했다. 수입이 없을 경우 최저 생계비 버전의 삶과 넉넉한 버전의 삶을 각각 몇 개월이나 지속할 수 있을 것인지 계산을 마쳤다.

 내가 좋아하는 일이 무엇인지 찾았고, "내가 좋아하는 일을 해도 돼."라고 스스로에게 말해주니 분명 같은 하루인데도 많은 것이 달라졌다. 왕복 2시간 반에 거친 통근 시간도 내 생각을 전개하고 있자면 순식간에 지나갔고, 새벽같이 눈을 뜨기 위해 빨리 잠자리에 들었다. 일찍 일어나야 맑은 정신에 글을 쓸 수 있는 시간이 확보되기 때문이다. 출근 전에 글을 쓰는 게 그렇게 재미있을 수가 없었다.

 퇴근하고는 내가 썼던 글들을 카테고리별로 분류했다. 그 글을 쓸 때 어떤 책을 읽었었는지, 그 책들에서 어떤 질문을 찾았고 내가 한 대답은 무엇이었는지 다시 정리했다. 그러면서도 틈틈이 내 요즘의 관심사와 그를 풍성하게 해줄 책들은 무엇인지 찾아보고, 읽어보고, 적어냈다. 나를 이 삶에 붙들어 놓기 위해 어떤 것도 찾아 헤맬 필요가 없었다. 영업의 시간에 저당 잡힌 듯했던 내 미래는 사라졌고, 새롭게 주어질 내일이 기대되고 소중했다.

 2시간 30분의 통근 시간을 거친 평일과 짧은 주말만으로는 글을 쓰기에 턱없이 부족했다. 체력을 늘려보려고 새벽마다 달리기도 하고, 몸에 좋다는 것도 이것저것 챙겨 먹어봤지만 퇴근한 뒤의 나는 새벽의 나만큼 말똥할 수가 없었다.
 그래서 처음에는 집 근처로 이직할 생각이었다. 통근 시간을 줄이면 퇴근 후의 내가 좀 말똥하지 않을까 하는 생각에서였다.

그렇게 새로운 직장을 찾고 있자 하니 내게 쉬운 일만을 찾고 있는 나를 마주했다. 통근 시간이 줄어든다고 해도 9시간 이상은 나에게 월급을 주는 그 일에 전념해야 하는데, 나는 내가 가진 모든 에너지를 읽고 쓰는 데에 쏟고 싶었다. 아무리 에너지가 덜 드는 일을 한다 해도 결국 나는 그 상황에 만족할 수 있을 것 같지 않았다.

또, 내게도 기회를 줘보고 싶었다. 퇴사하고 글 쓰는 일을 전업으로 하게 된다면 언제부터, 얼마만큼의 소득을 기대할 수 있을지 모르지만, 난생처음으로 나를 일찍 일어나게 하는 일이 생겼다. 좋아하는 일을 마음껏 할 수 있는 시간과, 그 일로 생계를 유지할 역량을 기를 시간, 한 번도 내게 줘본 적 없는 기회를 줘보고 싶었다.

아, 그리고 하나 더. 30년 남짓이지만, 살아보니 좋아하지 않는 일을 해도 내가 예상치 못한 변수는 삶에 항상 즐비해 있었다. 그럼 내가 하고 싶은 일이라도 하고 살아야 하는 거 아닌가?

이번 퇴사는 여느 때와 달리 확신과 기대 그리고 결연함으로 가득했다. 내가 좋아하는 일이 분명하다는 확신, 하루 온종일 이 일만 할 수 있겠다는 기대, 그리고 어떤 상황에서도 내가 나를 책임지고 지지할 것이라는 결연함.

퇴사를 결정하기에는 충분했다.

6부 나를 찍어내는 일

나를 찍어내는 일

애쓰지 않아도 자연스레 노력하게 되는 것이 사랑 이랬던
가. 내가 찾은 가치들을 들이밀어야만 지속할 수 있었던 '일'
을 매일 아침 설레이는 마음으로, 시간 가는 줄 모르게 하고
있다.

이전의 삶이 출근을 위한 삶이었다면, 지금은 "어떻게 하면
내가 좋아하는 이 글쓰기를 오래 할 수 있을 것인가"에 초점
을 맞춰 산다. 이 또한 나답게 『몰입의 즐거움』이라는 책을
읽으며 몰입의 조건들을 내게 어떻게 도입할 것인가 고민하
는 중이다. 오래 쓰고, 많이 읽기 위해 잘 먹고, 잘 자고, 운
동도 꾸준하게 열심히 하며 살고 있다.

너무나 당연한 말이지만, 세상엔 나보다 글을 잘 쓰는 사람
은 셀 수조차 없이 많다. 인스타그램 속 선연한 그들의 감성

에, 유튜브에 펼쳐진 그들의 혜안에 감탄함과 동시에 자신감을 잃어 혼자 시무룩해져버리는 일도 허다하다. '나는 저런 경력도, 지혜도 없고 이제 막 시작했는걸... 내가 과연 따라잡을 수 있을까?, 살아남을 수 있을까?' 하는 생각에 풀이 죽는다.

 그러면서도 화면 밖으로 나온 나는, 결국 또 글을 쓰고 있다. 왜 시작했는지, 이 일을 왜 하는지 다시금 떠올리면서.

"나는 최고가 되려는 게 아니야.

내가 하고 싶은 일을 하려는 거지."

나는 내가 제일 잘 알아.

 '나'는 내가 제일 잘 안다는 확신, 이 감각을 느끼기를 얼마나 소원했는지. 어쩌다 비로소 이런 내가 되었나 신기하면서도 대견해 스스로에게 감사하는 날도 생겼다.

 20대를 지나는 내내 나는 항상 최선의 선택을 하고 싶어 초조했지만, 정작 뭐가 나에게 최선인지 몰라 여기저기 사방팔방 분주하게도 뛰어다녔다.

"이 부업, 너만 빼고 다 하고 있다. 이렇게 쉬운데 안 하면 바보다." 뭐 이런 문구에 현혹되어 강의를 유료 결제하고 후회하기를 반복했고, "당장 부동산 경매를 배우지 않으면, 주식 투자하지 않으면", "대기업, 공무원, 공기업, 해외 취업, 이런 기차에 '지금' 올라타지 않으면, 너에게 기회는 영영 없다, 너는 뒤처지고 말 것이다."라는 메세지에 덜컥 겁이나 샀던 책들도 열댓 권은 넘을 것이다.

다른 선택지가 나에게 최선이었을지도 모른다며 내 선택에 확신을 갖지 못해 스스로를 흔들어대기도 여러 번이었다.

그렇게 시도 때도 없이 눈을 돌리는 와중에도 매일 아침 눈을 뜨면 일단 내가 살아보기로 한 삶으로 돌아오고는 했다.

주어진 나의 오늘에서 내가 경험하는 모든 것들을 모조리 느끼려고 집중했다. 이 일은 왜 하는지, 오늘은 어떤 상황에서 어떤 가치를 느꼈고, 이게 왜 좋은지, 나는 언제 행복하고 또 어떻게 살고 싶은지 등 떠오르는 수많은 질문들에 대답해 가며 내 감정을 살펴보고, 기록하고 또 되짚었다.

매일을 그렇게 지내다 보니 '나'라는 사람이 점차 선명해졌다. 어느새 나는 내게 필요한 책과 강의를 선별해 내고, 필요하지 않은 것들에는 기웃거리지 않을 수 있는 사람이 되어 있었다.

그러면서 떠오른 문장이 '나는 내가 제일 잘 안다.' 였다.

백날천날 남들이 좋다고 해도, '음... 나한테는 아니야.'라고 말할 수 있게 되니 홀가분했다. 동시에 내 발걸음도 훨씬 가벼워졌다.

아무래도 나무는 이제 필요 없다.

나무에 앉은 새는 가지가 부러질까 두려워하지 않는다.
나무가 아니라 자신의 날개를 믿기 때문이다.
『새는 날아가면서 뒤돌아보지 않는다』

나는 이제껏 '어떤 나무에 나를 묶어야 내가 안전하게, 최대한 오래도록 평온할 수 있을까?' 골몰했으나, 진짜 내게 필요한 것은 나의 날개를 믿는 일이었다.

그토록 염원하던 나무는 이제 내게 필요 없다. 내게 날개가 있다는 것도, 날 수 있다는 것도, 허니 얼마든지 날아도 괜찮다는 것도. 이제는 안다.

7부
치열하게 고민한 것은
반드시 그 가치를 지닌다.

내가 추구했던 가치들에게

인정욕구, 워라밸, 안정감, 전문성, 성과, 성장, 성취, 공헌감. 나는 왜 이런 가치들이 좋았을까?, 그럼에도 불구하고 왜 본질적인 대답이 되어주지 못했을까?

일단 인정욕구는 인정받고자 하는 대상이 오답이었다. 나는 내가 멋지고 괜찮은 사람임을 느끼는 게 좋았는데, 과거에는 누가 인정해 줘야만 그걸 느낄 수 있었다. 그래서 오답인 걸 진즉 알았음에도 그렇게나 남들에게 인정받고 싶었다.

내가 나를 인정하는 것만으로 충분해지기까지 평탄하지만은 않았다. 나와 했던 약속들을 지키고, 내가 선택한 삶을 살아보고, 들이치는 문제들에 기민하게 대처하는 나를 겪고 나서야 스스로를 멋지고 괜찮은 사람이라고 여기게 되었다. 이제는 누가 뭐라 해도 나는 멋쟁이다. 내가 알고, 그거면 충분하다.

워라밸이 일과 삶을 분리하여, 삶의 시간 동안에서 찾은 행복만으로도 살아갈 수 있다는 말이라면 내게는 성립하지 않았다. 분리된 시간 속에서 만족을 찾거나, 일 자체로 내가 즐거운 일을 찾아 하거나. 방법은 두 가지였는데 나는 전자가 되지 않는 사람이었다. 그래서 후자를 선택했다. 나는 일하는 시간에도, 사는 시간에도 행복하고 싶었다. 그러니 워라밸은 내가 추구하고 싶은 것이 아니었다.

이 외의 모든 것들은 불안과 권태를 지워보고자 하는 나의 발버둥이었다. 에리히 프롬의 책을 읽으며 이 생각을 정리할 수 있었다. 에리히 프롬에 의하면 인간은 인간이기 때문에 불안과 권태를 느낀다. 불안을 해소하기 위해 자신을 자신의 사회적 역할과 동일시함으로써 자기를 상실하는 것을 택하며, 권태에서 벗어나기 위해 부지런함과 분주함을 자처한다고 한다.

나 역시 불안을 해소하기 위한 방편으로 전문성, 성과, 성장, 성취에 매달렸었다. 나를 설득 시킬 수 있는 그럴듯한 목표, 그러니까 사회적 역할을 찾아 '목표를 향해 가고 있으니 나는 잘살고 있다.'라며 안정감을 느끼고 싶었던 것이다.

제과제빵을 하면서 이미 내게 필요한 안정감이 "내가 나를 먹여 살릴 수 있다."가 아닌 "나 이렇게 살아도 괜찮다." 인 것을 어렴풋이 느꼈음에도, 내가 답을 찾을 수 있을까 덜컥 두려운 마음에 "이런 가치를 얻으며 내가 즐겁기는 하잖아? 그거면 된 게 아닐까?", "에이 내가 모르는 가치가 더 있겠지."라며 미뤄두고, 회피했다.

일에 미쳐 밤낮없이 내달리고 싶었던 마음도 마찬가지였다. 잊을만하면 찾아오던 형체 없는 찝찝함은 권태였다. 그 기분 나쁜 공복감을 느낄 새가 없도록 나를 몰아붙이고 싶었다.

이 가치들이 나를 행복하게 해주기는 했으나 결국 본질적으로 해결해야 했던 것은 불안과 권태였다.

"이거 해서 뭐해?"

 나의 궁금함에서 시작되는 여정과, 그 안에서 나름대로 내린 나의 답이, 나의 문장들이 누군가의 마음을 반짝이게 했으면 좋겠다.

 찰나의 깜빡거림, 작은 물결, 한 번의 들숨이라던가 시선의 정적이었으면 한다.

 이 마음으로 평생을 쓰고 싶다.

"이거 해서 뭐해?"

"뭐하기는, 내가 재밌지."

내 생각의 짜임을 만든 책들

『나를 소모하지 않는 현명한 태도에 관하여』

『빠르게 실패하기』

『모든 것이 되는 법』

『몰입의 즐거움』

『사는 게 힘드냐고 니체가 물었다.』

『삶으로서의 일』

『삶의 격』

『소유냐 존재냐』

『어두운 숲길을 단테와 함께 걸었다.』

『어른을 위한 인생수업』

『어른의 중력』

『에리히 프롬과 불교』

『엘리먼트』

『월든』

『유연함의 힘』

『일이란 무엇인가?』

『자기결정』

『젊은 시인에게 보내는 편지』

『쿼팅』

『프로세스 이코노미』

『행복의 기원』

『회복탄력성』

그래서, 내가 누군데? - 일

So, Who Am I? - The Story of Work

© 글말랭이, 2024

초판 발행	2024년 11월 11일
지은이	글말랭이
그림	@andsproject05

발행처	말랭
출판등록	제2024-000232호(2024년 10월 4일)
전자우편	gmallangi8@gmail.com
정가	13,000원
ISBN	979-11-989649-1-5(13190)

이 저작물은 경기도청에서 제공한 '경기천년바탕' 및 (주)공게임즈에서 제공한 '이사만루체' 로 제작되었습니다.